80송이

# 전홍구
全洪求, Jeun Hong-Gu
아호=천중天中, 시인, 수필가

E-mail : yesnyes@daum.net

1946년 5월 10일, 전남 곡성 출생
조선이공대학교 졸업(1968년)
기계 기술 분야 30년 근무
공동주택 관리 분야 15년 근무
문예사조 시, 수필(1991) 문단 데뷔
경기대학교 사회교육원 시 창작과 수료
중앙대학교 예술대학원 문예창작 전문가 과정 수료
남양주 은성교회 안수집사
소속 : 한국문인협회 시분과 회원, 국제펜 한국본부 회원
　　　한국크리스천문학가협회 이사, 서울시인협회 부회장
　　　국보문학가협회 상임고문
시집 : 제1집 『개소리』(1987. 5.)
　　　제2집 『원두막』(1994. 7.)
　　　제3집 『나뭇가지 끝에 걸린 하늘』(2006. 6.)
　　　제4집 『속이 빨간 사과』(2014. 4.)
　　　제5집 『먹구름 속 무지개』(2015. 12.)
　　　제6집 『그래도 함께 살자고요』(2018. 2.)
　　　제7집 『나의 펜은 마른 적이 없었다』(2024. 4.)
　　　제8집 『80송이』(2025. 8.)
수상 : 16회 문예사조문학상 대상 수상
　　　2008년 한국민족문학상 본상 수상
　　　2012년 대한민국장애인문학상 공모 수상
　　　　　　제6회 세종문화예술 수필 부문 대상 수상
　　　2018년 전국장애인문학제 공모 최우수상 수상
　　　　　　문화복지진흥회 창작문학제공모 최우수상 수상
　　　2019년 한국문학신문 문학대상 수상
　　　2020년 12회 전국장애인문학공모전 수상
　　　　　　30회 문화체육관광부 공모 문학, 미술대전 수상
　　　2021년 한국행복한재단 전국문학작품공모전 산문부 대상 수상
　　　2023년 천등문학상 본상 수상, 별빛문학 대상 수상
　　　2024년 한국환경관리사총연합회 환경시 문학대상 수상
　　　　　　대한민국 문화예술 명인대전 문학 부문 대상 수상
　　　　　　어우당문학 대상 수상
　　　　　　시와창작 문학대상 수상
　　　2025년 화연산장 시공모전 대상 수상
　　　　　　글로벌컬쳐 명인대상 수상

# 80송이

전홍구 제8시집

그린아이

## 작가의 말

살아오는 팔십 평생에 변한 게 한둘이 아닙니다.

영화도 연속극도, 노래고 춤이고 음식 맛까지 옛날 전통 고유 맛이 아닌 것이 분명합니다.

아니, 문학 작품도 생판 다른 각도로 변해버린 것 같습니다.

선망의 대상인 신춘문예 당선 작품의 내용을 바로 이해하겠던가요?

무슨 말인지 내용 파악도 되지 않았는데 끝나버렸습니다. 더 찾아 읽으려 해도 그게 끝이랍니다.

배운 대로가 아니고, 먹었던 맛이 아니고, 읽어도 기억할 수 없는 줄거리 없는 허망한 맛이지만 그렇다고 나는 그럴 수 없었습니다.

『명심보감』 성심편의 '화호화피 난화골畵虎畵皮 難畵骨(호랑이를 그릴 때 가죽은 그릴 수 있지만, 호랑이 뼈를 그리기는 어렵다)' '지인지면 부지심知人知面 不知心(사람을 알 때 얼굴은 알 수 있지만, 마음을 알 수는 없다)'이라는 가르침을 기억하며 세상을 살면서,

시인의 길을 걸으면서 마음에 새긴 좌우명을 통해 삶과 문학의 사유思惟 세계를 넓혀나가며 어려운 그림을 그리지 않으려고, 알 수 없는 마음을 알기 위해서 저항 의식과 풍자적 시풍時風에 몰입하며 시간이 지나면서 더 생각나게 하는 여운의 작품을 남기려고 창작에 매진해 왔습니다.

시인이라고 누군가 부를 때마다 누구를 부르는지 몰라 두리번거렸습니다.

저는 시를 잘 모르고 시다운 시를 지은 적이 없는 것 같아 스스로 시인이라고 자랑해 본 적이 없습니다. 그러기에 지금까지도 배우고 공부하며 연습을 계속하고 있는 형편입니다.

보이는 풍경을 보이는 대로 그려 다듬고 색칠하며 밖에서부터 안으로, 안에서 밖으로 번지는 파문 속에 여백을 찾고 있습니다.

내가 쓰고 싶은 것은 벌써 다른 사람이 써버린 것 같아 쓸 수도 없고, 쓰면 시 같지도 않은 산문인지

## 작가의 말

운문인지 부끄러울 뿐인데 농축된 응어리를 녹여 작은 돌에서도 대자연을 볼 수 있듯, 짧은 글에 깊은 의미를 담아보려고 노력하고 있습니다.

  동냥 그릇 같은 수첩을 항상 손에 들고 구걸하듯 스쳐가는 생각들을 모아 두었다가 노트에 옮겨 다듬고 색을 칠하여 잔가지와 뿌리를 잘라내고 굵고 실한 것만 골라 책으로 만들고 싶어 오늘도 배우고 있답니다.

  왜 글을 쓰느냐 물으신다면 굶어도 좋을 만큼 좋아서, 입김으로 바위를 녹이는 마음으로 어쩌면 숙명적 사명감으로 물속에 빠진 종소리를 건지려다 내가 빠져 그 속에서 종을 치는 마음으로 쓴다고 말하고 싶습니다.

  60여 년 동안 시와 수필을 써오는 동안 국내외 유명 작가의 작품, 아니 어느 책 한 권도 읽어 보지 않고 순수 나만의 가슴을 태워 글을 써왔다는 사실을

믿어 주거나 말거나 나는 자부심을 가지기에 부끄러워하지 않고 밝히는 바입니다.

 엔지니어 출신으로서, 시와 수필을 쓰는 문인으로서 시적 언어와 정신에 있어서 일상의 현실에 더 가까이 접근하고자 노력을 아끼지 않은 자세와 가난의 응어리에서 벗어나기 위한 몸부림의 노래와 얘기가 은연중에 넘치는 냄새를 풍겨주는 특성이 있는 글을 쓰고 있다고 이야기를 듣기는 하지만, 사랑하는 사람이 옆에 없어도 서럽지 않게, 나의 시詩로 아픔을 달래며 행복한 꿈을 꿀 수 있도록 즐거운 시간으로 채우고 가시기를 바랍니다.

2025년 초여름<br>
80살 기념작품집을 편집하면서<br>
전홍구

## 차례

작가의 말...4

**\*제1부\* 80송이**

절대 못 들은 소리...16
청동의 눈물...17
숨의 방향...18
침묵의 침입자 – 판치는 외래종 식물...19
도루묵의 잔잔한 미학...20
봄의 미묘한 속삭임...21
설탕과 소금 사이에서...22
80송이...23
마음은 늘 스물다섯...24
징그랍게도 춥네...25
흐르는 봄...26
참된 꽃...27
봄을 기다리는 마음...28
다녀오는 길...29
달빛 아래 흥겨운 마당...30
사람의 빛...31
계단과의 전쟁...32
휘어진 나무 – 어느 지체 장애우를 생각하며...33
**디카 詩** | 커피믹스...34

*제2부* 그리운 날의 시

그리운 날의 시...36
우리 가족의 노래 잔치...37
꽃의 미학...38
누구세요...39
하얀 도화지 위의 새해...40
함께라서 더 맛있는 순간...41
고향으로 가는 길...42
영혼의 소리...43
멍청한 이놈...44
감사의 길...45
제주도, 그 자체가 꽃이 되어...46
소원...47
눈 내리는 아침에...48
벌과 나비의 고백...49
경외의 노래...50
내 안의 길...51
그래도 함께 살자고요...52
걷고 싶어요...53
**디카 詩** | 미리 봄...54

**차례**

**\*제3부\* 향기 속의 시 한 잔**

당신의 손은 강물이었다...56
고요의 자리에서...57
물이 사라진 물가에서...58
풍경의 꽃...59
길을 잃고...60
전철을 기다리며...61
별이 된 대화...62
향기 속의 시 한 잔...63
미처 물들지 못한 잎...64
12월의 서시...65
너는 내 햇살...66
쓴 커피 한 잔...67
별 하나를 심으며...68
한강의 밤...69
영광의 주께 찬양을...70
은혜의 길을 걷게 하소서...71
구두굽...72
맘 아시려나...73
**디카 詩** | 구멍...74

**\*제4부\*** 그랬으면 좋겠네

밥상...76
11월의 욕심...77
싫지 않은 이별...78
편의점에서 만나요...79
그랬으면 좋겠네...80
빈 껍질의 축제...81
바람과 꽃...82
잊히지 않는 문장들...83
쉼터...84
향수...85
아침에야 알았다...86
커피 한 잔의 행복...87
퇴원한 친구...88
하늘의 찬양, 땅의 기도...89
계단...90
짝구두...91
**디카 詩** | 아버지 집...92

## 차 례

***제5부* 다름 속의 같은 마음**

나는 오늘 강도를 만났다...94
비 오다가...95
다름 속의 같은 마음...96
지구의 숨결...97
별 하나 뜨게 하리...98
웃음 처방전...99
시 한 송이...100
있었으면 좋겠다...101
바람의 흔적...102
가을이 녹는다...103
기적의 걸음걸이...104
시간의 둥지...105
침묵을 깨고...106
가위바위보의 운명...107
세상에서 가장 좋은 약...108
너는 왜 거기 서 있니...109
하늘을 우러러...110
뛰어보고 싶어...111
**디카 詩** | 돌다리를 건널 때...112

## *제6부* 그래도 후회는 없다

그래도 후회는 없다...114
태양을 삼킨 여자...115
밥솥의 눈물...116
쓰레기통 차지 마라...117
꽃은 본디 그렇게 생겼다...118
국립묘지에 핀 코스모스...119
비틀림의 정원...120
철모의 시간...121
늦은 빛의 정원...122
나의 펜은 마른 적이 없었다...123
특별한 빨래...124
버르장머리 있는 여자...125
오월의 심장에는 붉은 말馬이 산다...126
이팝나무 아래에서...127
아멘의 강을 건너며...128
생각나는 사람...129
흔들리는 나무에도 꽃이 핀다...130
서 있을 수밖에...131
**디카 詩** | 나리꽃...132

작품 평설 | 긍정과 상생의 시학, 그리고 기독교적 상상력_양왕용 교수...133

서른다섯 해 언 손으로 쌓은
문장의 돌탑 위에 피어난 80송이
시집 한 권 나의 생이 조용히 피었다.

-「80송이」중에서

## 제1부

# 80송이

# 절대 못 들은 소리

그날 밤
나는 아무 말도 듣지 못했다

너는 등을 돌렸고
말은 허공에 걸려
바람은 지나쳤지만
무언가 남는 게 있었다

들리지 않아서
오히려 더 선명한
함께하자는 조용한 파열음

지금도 나는
그 침묵의 파편을
하나씩 주워
가슴안에 쌓고 있다.

# 청동의 눈물

청동의 심장에 망치가 닿을 때
어둠을 깨우는 울음으로 퍼진다
새벽하늘에 번지는 파문
그것은 종의 눈물인가
아니면 용서의 메아리인가

오죽하면 침묵을 깨뜨리며
자신을 때려 울어야 했을까
청동의 몸에 스며든 수많은 손길과
그 손길이 남긴 죄의 흔적들

멀리서 들려오는 그 소리
밤과 낮의 경계를 허무는 진동
우리의 영혼을 두드리며
잘못을 깨닫게 하는 소리

새벽을 깨우는 종소리
그것은 어쩌면
우리 모두의 내면에서 울리는
참회의 목소리인지도 모른다.

## 숨의 방향

나는 내일을 모른다
안개는 항상 발끝부터 올라오니까
그래도
작은 숨결 하나에
향이 묻어 나옴을 본다

바람은 보이지 않지만
나뭇잎은 그것을 증거한다
나도 그렇게
보이지 않는 손길에 흔들리고 싶다

이 땅은 균열로 가득하지만
그 틈마다 약속의 빛이
모래알처럼 숨어 있으니
거짓은 무겁고 진실은 투명하다
나는 투명한 쪽에 서고 싶다

보이지 않는 문 믿음을 향해
먼저 발을 내딛는 일
그 문 너머에서
하늘이
땅의 아픔을 쓸어안는다.

# 침묵의 침입자
―판치는 외래종 식물


바람이 속삭이며 지나간 자리에
낯선 풀들이 자리를 잡고
뿌리를 깊이 내려 그늘을 드리우며
기다림을 모른 채 잠자고 있다

우리의 땅 그 안에서 오래도록 살던 것들은
자리를 빼앗긴 채 살아갈 힘을 잃고
그들의 이름도 그들의 얼굴도
점점 흐릿해져 가고 있구나

저마다 다른 얼굴로 지구를 물들이는 이 풀들은
우리가 꿈꾸던 자리가 아니다
우리의 땅에서 기나긴 침묵 속에서
그들은 숨쉬며 자라간다

나는 그 자리에 서서
묵묵히 사라지는 우리의 것들을 생각한다
이제는 말할 수 있다
누가 잘못했는지 누가 알았는지
다만 그들은 우리 땅을 조용히 차지하고 있다.

## 도루묵의 잔잔한 미학

보기 좋으면 맛도 좋다더니
팔팔 끓는 뚝배기 속의 군침
임금님의 허기를 달랬다던
그 추억의 도루묵이 익어간다

은빛 물결 품은 도루묵
바다의 품이 그리워도
지금은 한 뚝배기 속에서
따끈히 익어가며 삶의 온기를 전한다

끓어 넘칠까 기다릴 필요 없는 그 얕고도 산뜻한 맛
얼큰한 장 속에 녹아든 시원함은 누구를 위한 밥상일까

한잔 술 따라 목구멍 넘어가는
그 순간이 사는 맛이라 불리는 작은 기쁨의 정수일 테지

잔잔한 바다를 떠올리며 도루묵의 속삭임을 듣는다
"진짜 나를 아는가?"
그 물음 속에 담긴 진심처럼
오늘의 밥상은 따스하기만 하다.

# 봄의 미묘한 속삭임

만물의 뿌리 속에서
보이지 않는 떨림이 스민다
흙은 꿈을 꾸고
나무는 낮은 숨결로 귓속말한다

봄은 언제 오려나?
어느 틈에 손끝 간질이며
고요 속에 숨어 있다가 느닷없이 휘파람을 분다

봄기운은 투명한 손길
꽃잎이 열리기 전의 망설임
어느 먼 별에서 온 향기가 잊고 있던 노래를 부른다

봄바람아, 바람아
잠든 골목을 흔들고
주머니 속 동전에도 불어다오
묵은 장부의 숫자를 녹이고
시린 마음 틈새마다 새싹을 틔워다오

저기, 봄이 왔다고 세상이 속삭인다
우리 함께 들어보자고.

# 설탕과 소금 사이에서

커피 한 잔의 달콤한 휴식이었을 뿐인데
손끝이 흔들리며 떨어뜨린 하얀 결정들
설탕일까, 소금일까? 그 구분조차 흐려져
내 입술에 퍼지는 것은
예상과 다른 맛 어디서부터 틀어진 걸까

혹시, 나는 늘 이렇게 차이를 구별하지 못하고
온갖 것들을 뒤섞으며 살아왔나?
당장 내가 무엇을 원했는지
잊어버린 듯한 느낌에 내 인생을 되돌아본다

설탕은 그렇게 달콤해야 하는데
소금은 늘 고요히 눈물처럼 흘러야 하는데
나는 그 속에서 헷갈리고
그런 내 모습을 어디서부터 놓쳤던 걸까

내가 원하는 맛은 이게 아닐 텐데
그냥 조금 더 달콤하기만 하면 좋겠는데
하지만 결국 나는 쓸쓸히 씁쓸한 것들만 삼키고
이토록 헷갈리며 날마다 다른 맛으로 하루를 마무리한다

설탕과 소금, 그 경계에서
오늘도 나는 자신을 찾아가는 중이다.

# 80송이

두메 끝자락 바람 틈에서
외로움이 움켜쥔 흙 한 줌에
시 한 줄이 처음 싹을 틔웠다

소년의 손등엔 못자국 피고
눈물 젖은 연탄재를 베고 자며
글자들이 뼈마디처럼 자라났다

때로는 배고픔이 문장이었고
사랑 없는 밤도 시로 눕혀
삶을 건너는 다리가 되게 했다

서른다섯 해 언 손으로 쌓은
문장의 돌탑 위에 피어난 80송이
시집 한 권 나의 생이 조용히 피었다.

# 마음은 늘 스물다섯

세월이 흘러
엉덩이는 붉어지고
배는 나오다 처졌어도
그래도 거울 속 나는 서른쯤

육신은 예순이 넘었지만
마음은 아직도 스물다섯
66치수가 작아 못 입으면서도
55를 만지작거리는 이 욕심
계절이 바뀔 때마다 가슴이 뛴다

지갑은 묵직하고
카드 한도도 넉넉한데
77, 88은 입기 싫고
66, 55를 꿈꾸는 내 마음

옷장 앞에서 한숨 쉬다
또다시 거울을 보아도
나이는 숫자일 뿐이라
마음만큼은 오늘도 스물다섯.

*44=20대 아가씨 몸매, 55=30대 여자,
 66=40대, 77/88=50, 60대, 99/100=뚱뚱한 몸매의 애칭.

# 징그랍게도 춥네

우미 징그랍게도 춥구마이
입춘이 지났는디로
어째 이리도 춥당가
겁나게도 춥구만

지랄허네
불을 땔라면 활활 타도록 때야제
불이 꺼졌구만 그대로 두고
지기들은 나와보지도 않는당가

지기랄 우수도 지났는디
오살맙게도 춥긴 춥네
그렁께로 누가 머라 혀도
봄이 후딱 와부렀으먼 좋겄어라우.

# 흐르는 봄

얼어붙은 골짜기에도
강물은 쉬지 않고 흐른다
얼음 아래 숨죽인 봄이
조용히 날을 세우고 있기에

눈길을 피하지 마라
사람의 눈 깊은 곳에
아직 타오르는 온기가 있으니
그 온기가 세상을 돌게 할 것이다

부드러운 것들은 천천히
단단한 것을 무너뜨린다
침묵은 기다림을 품고
기다림은 봄을 품었다

흐르는 강물처럼
모든 것은 지나간다
너는 흐름 속에서
한 송이 꽃으로 피어날 것이다.

# 참된 꽃

꽃은 향기롭고 아름다운 것만이 아니라
그 존재만으로도 충분한 가치가 있다네
계절과 장소에 구애받지 않고
벌과 나비의 방문을 기다리지 않으며

자신의 본질을 깨닫고
자신을 다스리는 그 모습
바로 그 자체로 빛나는 꽃이어라

어느 곳에 피든 어떤 모습이든
그저 꽃으로서의 삶을 살아가며
자연의 조화 속에 머무는
그것이 진정한 꽃의 아름다움이라네.

# 봄을 기다리는 마음

막차라도 타고 오시려나 기다려지는 봄
아직은 밤새 문풍지가 떨며 우는데
앞마당 매화나무 가지 끝에는
벌써 꽃눈이 맺혔다

냉기 식히는 군불 연기 올라가
하늘은 부끄러운지 매서운지
수줍어서인지
환한 얼굴 보여주지 않고

밥상 위 동치미 그릇이 미끄럼타는
2월 중순의 산허리 스쳐온 바람은
아직도 차가움을 가져다주니
어서 따뜻한 바람 불어주었으면 좋겠다

힘겹게 하루일 마치시고
수레를 끌고 가시는 어르신의
손이라도 시리지 않도록
어서 봄이 왔으면 좋겠다.

# 다녀오는 길

언제고 예고 없이
가던 길을 갑니다

비가 와도 눈이 와도
다니던 길로 갔다 옵니다

누가 다녀오라 해서가 아니고
나의 아버지를 만나
나의 나 된 것을 아뢰고
나의 갈 길을 인도받고 싶어 다녀옵니다

나라와 민족과
멀리 불모지에 나가신 선교사님과
미자립교회 목회자와
아직도 주님을 모르는 강퍅한 심령을 위해
하나님 앞에 기도하기 위하여
그 길을 다녀오는 마음

그 길이 힘겹다고 해도
아버지와 함께라면 끝까지 다녀오는 길.

## 달빛 아래 흥겨운 마당

산과 들 꽁꽁 얼어붙어도
마음은 벌써 타오르네
달빛 아래 불꽃 피우며
쥐불놀이 환하게 빛나고

꽹과리가 장단을 띄우면
징과 장구가 화답하고
북소리에 가슴이 울리면
소고춤에 흥이 돋는다

상쇠는 하늘을 휘돌며
신명의 불꽃을 피우고
젊은이 늙은이 할 것 없이
온 마을이 어깨를 맞춘다

춤 한 판에 액운은 날아가고
홍어회에 탁주 한 사발
달빛 아래 흥겨운 마당
얼쑤 좋다 복 들어온다.

# 사람의 빛

세상의 길을 걸어가며
누군가의 손길이
나를 일으켜 세운다

그 말 한마디, 그 작은 미소가
내 안에 힘을 불어넣고
어두운 길을 환히 비춘다

우리는 서로에게
등불이 되어
어두운 밤을 밝히고
서로의 마음을 헤아린다

삶은 단 한 사람의 힘이 아니라
수많은 사람의 마음으로
빛을 발하게 된다

그대가 내게 준 한 줌의 사랑이
내 인생을 아름답게 만든다.

# 계단과의 전쟁

오랜만의 나들이를 위해
구두끈을 꼭 조여 맨다

간신히 버스에서 내려
계단 앞에 서서 긴 한숨 내쉰다

환승역 통로 지나 계단 오르다
난간 붙잡고 흐르는 땀 닦는다

모두 즐거운 걸음걸이이지만
우리*의 외출은 계단과의 전쟁이다.

*우리=지체 장애우.

# 휘어진 나무
−어느 지체 장애우를 생각하며


비바람을 탓하지 않고
비스듬히 누워 쭈뼛쭈뼛 새싹을 키우며
햇살에 얼굴을 비비고 있는 너

여름엔 녹음 짙고
가을엔 붉게 물들어 눈길을 끌고
겨울엔 앙상한 가지로 홀로 떨고 서 있다가
봄마다 새싹 곱게 키우는 너

똑바르지 못해 탐스럽지 못해
그 누구도 욕심내지 않아
수줍은 듯 비스듬히 서서
수십 년을 살고 있는 너

이윽고 계절 짙어지면
그래도 가지 끝마다
아름다운 꽃
향기 짙게 피우는 너.

# 커피믹스

목을 댕강 따 속 털어 넣고
끓은 물을 쏟아 빙빙 섞어
눈 감고 키스하듯 맛본 그 맛.

## 제2부

# 그리운 날의 시

# 그리운 날의 시

어느 날 문득
꺼내 보고 싶은 시가 있다
읽을 때마다 가슴이 두근거리고
눈가에 따뜻한 바람이 스치는 시

바쁜 하루 끝자락
마음이 기울어지는 밤이면
잊고 있던 기억을 불러내어
아무 말 없이 토닥여 주는 시

밤하늘 별빛처럼
멀리서도 환하게 빛나고
언제든 꺼내 보면
마음이 따스해지는 그런 시

"80송이"
그 시집 속에
몇 번이고 다시 읽고 싶은
참 좋은 시가 있었다.

# 우리 가족의 노래 잔치

할아버지는 깊은 목소리로
옛노래 한 가락을 띄우시고
할머니는 그 곡조에 맞춰
고운 춤사위를 펼치신다

아버지는 청춘의 멜로디를 부르시고
어머니는 그 곁에서 춤을 추신다
형과 누나는 신나는 리듬을 타고
나는 나의 시로 노래를 부른다

다른 시대 다른 가락이지만
우리가 함께 부를 때면
노래는 한데 어우러지고
웃음꽃 피는 무대가 된다

모여 부르는 노래마다
우리의 추억이 되고
삶이 노래가 되는 시간
살맛 나는 리듬 잔치다.

# 꽃의 미학

꽃꽂이 속의 꽃이여
네 자리에서 네 빛깔로 피어나는
너의 맑은 침묵을 본다

꺾였다 해도
너는 고운 생명을 다해
한줌 향기를 남기겠지
그러나 나는 묻는다
꽃꽂이 속에서 너는 행복한가

자리에서 뽑힌 뿌리는
아직도 흙을 그리워하며
한순간의 아름다움 뒤에
잃어버린 바람과 비는
너의 기억 속에 고요히 울고 있겠지

나는 너에게 묻는다
너의 희생이 어떤 의미를 가지는지
다만, 네가 다시 흙으로 돌아가
제자리에서 피어날 수 있다면
그것이 진정한 꽃의 자리 아닐까
생각 속에 답을 기다려 본다.

# 누구세요

열심히 살아왔다

오늘도 일하다 흐르는 땀을 씻으며
우연히 곁에 있는 거울을 보았다
그런데
그 거울 속의 할아버지가 날 쳐다보고 있었다

땀을 닦고 자세히 보니
수건을 목에 두른 자
나의 모습이었다

아니 벌써 할아버지가 되었다고.

# 하얀 도화지 위의 새해

설날 아침
희고 뽀얀 떡국 한 그릇에
묵은해의 그림자를 녹여내고
새하얀 도화지 위에
새로운 각오를 그려봅니다

옛 조상들의 지혜가 흐르는
흰 떡 한 점 흰 한복 자락
그 안에 담긴 순백의 바람은
이 세상을 다시 깨끗이 비춥니다

일제의 그림자가 빛을 가렸던 때에도
우리는 설이라 불렀습니다
흔들릴지언정 꺾이지 않았던 이름
다시 찾은 이날의 빛을 품고
서로를 축복했습니다

가족과 함께하는 밥상
희고 맑은 떡국처럼
맑고 순백한 마음으로
한 해의 아름다운 그림을
함께 그려가시길 바랍니다.

# 함께라서 더 맛있는 순간

맛있는 것 중에 가장 맛있는 것
그건 혼자 먹는 게 아니야
손끝에서 피어난 향기가
나만의 것이 되어버리면
그건 반쪽짜리 맛일 뿐이지

한 숟가락 뜰 때마다
웃음이 곁들여지고
한 잔 술 나눌 때마다
이야기가 익어가는 것
그게 진짜 맛있는 순간이야

함께 나눌 사람 찾아 식탁 차리고
빈자리에 따뜻한 손길을 초대해
누군가와 눈 맞추며
맛있다는 말을 서로 나눌 때
그 음식은 비로소 완성되는 거야

그리운 얼굴 사랑스러운 이름들
모두 한자리에 모여 앉아
한 끼의 기적을 함께 만들어 보자
함께라서 더 맛있는 우리들의 시간을.

# 고향으로 가는 길

산 너머 고향이 기다리는 길
햇살 가득한 하늘이 미소를 짓는
가벼운 바람은 고운 손짓으로 나를 불러내고
오랜만에 만날 얼굴들이 눈앞에 아른거린다

정갈한 옷깃에 마음을 다듬고
가슴 깊이 숨어 있던 그리움은
봄볕 같은 온기로 피어나
아버지의 따뜻한 손길
어머니의 잔잔한 미소 속에
온 세상이 평화로워지는 날

소박한 밥상 위로 오르는 시간의 맛과 향기
아이들의 웃음소리가 퍼져 온 집 안이 들썩이고
내리사랑이 흐르는 강줄기 따라
우리의 이야기가 흘러간다

오늘의 설렘은 내일의 추억으로 이어지리라
고향이 품어준 따스함 속에
우리가 다시금 하나 되는 날.

# 영혼의 소리

가사는 알 수 없으나
곡조는 영혼을 녹여주는
그칠 줄 모르고 불러대는
한 마리 작은 새의 노랫소리

찌는 듯 더위 속에서의 노래는
영혼 위에 걸터앉아
달콤한 소리로 번져
가슴을 보듬는 바람이었어라

나는 그 소리를
무더울 때도 추운 철에도
한낮보다 해 저문 저녁에
특히나 마음 아프게 들었다

그러나 그 소리는
허기진 배를 채워주는
빵 한 조각보다 달콤하게
절박한 마음을 달래주는
그건 누구에게나 값진 향수였다.

# 멍청한 이놈

아침에 일어나 창문을 내다보니
장대비가 억수로 내리고 있었다

어머니께 전화할 뻔했다
텃밭에 심겨둔 어린 모종이
이 비에 괜찮겠느냐고

천국 가셔 집에 안 계시는데
어머니 사시는 곳에
전화해도 닿지 않는다는 것
그것도 잊고
모종 씻겨 나갔을까 걱정되어

며칠 동안 기도 못한 잘못을 잊고
고까짓 모종 몇 개 씻겨 나갔을까
그걸 어찌하라고 전화해.

# 감사의 길

팔십 해를 넘긴 이 몸
원하는 시간에 버스를 타고
가고 싶은 곳의 전철에 올라타니
세상 모든 것이 은혜라

두 발로 걸어가고 싶은 곳을 가고
생각이 나를 이끄니
눈으로 보고 마음으로 느끼는
세상 모든 것이 선물이라

바람결에 스치는 나뭇잎
멀리 들리는 아이들의 웃음소리
작고도 큰 이 모든 삶의 순간들에
어찌 감사하지 않을 수 있으랴

오늘도 가만히 눈을 감아
감사의 기도를 올릴 수 있는
삶이 아름답고, 감사로다.

# 제주도, 그 자체가 꽃이 되어

내가 제주도를 사랑한다고 말하면
제주도는 꽃이 되어 내게로 온다
제주도는 한라산, 그 속에 꽃이 피고
또 그 꽃이 한라산이 되는 것을
아무도 알지 못한다

제주도, 너는 그 이름만으로도
이미 한 송이 꽃이 되었고
그 꽃은 한라산을 품은 채
너는 자신을 이루어가고 있다

내가 제주도를 사랑한다고 말하면
너는 단 하나의 산으로 나를 초대하고
나는 그 안에서 바람이 되어
너와 같은 곳을 바라본다

한라산, 너는 제주도라 부르지 않으며
제주도 또한 한라산이라 부르지 않는다
그 이름을 들을 수 있을 때만 존재한다
너는 나를 부르고 나는 너를 부르며
우리는 서로 하나로 이어져 가고 있다.

# 소원

그렇게
예수 믿자고

육십 년 넘게
권면했건만

믿기는커녕
핍박만 했었는데

중환자실에 누워서야
애야, 나 천국에 가고 싶다.

# 눈 내리는 아침에

눈이 함박눈이 내립니다
산에도 들에도 동네에도
온누리가 하얗게 덮입니다

어지러운 세상을 가리고
보이지 않는 상처 위에
따스한 위로를 내립니다

춥고 배고픈 이들에게
쉼과 힘이 되게 하시고
고단한 삶 위에 희망이
소복이 쌓이게 하소서

눈 덮인 이 땅에 배려가 돋아나고
내일이 투명하게 밝아오게 하시어
우리의 마음이 새로워지길 기도합니다.

# 벌과 나비의 고백

생각해 보니
꽃을 사랑해서
찾아가는 것 아니었습니다

화분을 전달해
열매 맺도록 해준다는 것
그게 다 아니었습니다

덜 핀 꽃 찾지 않고
시든 꽃 멀리하며
활짝 핀 꽃만 찾는 욕심쟁이였습니다

솔직하게 말하자면
꽃가루를 옮겨준다는 구실로 찾아가
그 속에 간직된 꿀을 훔쳐 먹었습니다.

# 경외의 노래

주님 손길 머무는 곳마다
생명 움트고
기쁨 샘솟나이다

우리의 하루를
우리의 숨결을
모두 주관하시는 하나님

눈을 들어 산을 보니
도움이 어디서 오리요
천지만물을 지으신
여호와께로다

찬양으로 드리는 이 심정을
향기로 받으소서
기도로 올리는 이 목소리를
하늘로 올리옵소서

주님의 사랑 안에서
우리는 춤추며 노래하리니
생사화복의 주인이신
주님을 경외합니다.

# 내 안의 길

나는 누구인가
이름조차 없는 길 위에 서 있다
내가 나를 찾기 전
세상은 나를 모르고 지나쳤다

그때, 누군가가 나에게 말을 걸었다
한 마디, 두 마디
그 사람의 말이 내 안에 스며들어
내 존재를 깨우기 시작했다

나는 그 사람의 눈빛 속에서
처음으로 나를 알게 되었다
그의 손길, 그의 따뜻한 미소가
내 안에 꽃을 피우게 했다

그 사람의 사랑이
그 사람의 말씀이
내 안의 어두운 곳을 밝혀주었고
나는 비로소 내 길을 찾았다

우리는 그렇게 서로의 길이 되어
서로의 인생을 바꾸어 간다
내가 나일 수 있었던 건
그 사람이 있었기 때문이다.

# 그래도 함께 살자고요

모진 비바람이 몰아치는 해변 절벽에
어느 해 늦은 가을 운명처럼
바람에 날아온 씨앗 하나가
바위틈에서 파란 싹으로 돋아나
어렵게 뿌리를 내리더니
무럭무럭 나무로 자랐습니다

폭풍우 몰아칠 때면
나무는 바위를 꼭 끌어안고
바위는 나무의 보호를 받으며
살아갔습니다

세월이 흐를수록
나무는 물이 부족하여
고통스러워하기 시작하였고
나무가 자라며 뿌리를 깊이 뻗을수록
바위는 견디어 내기 어려웠습니다

그런데도 나무와 바위는
서로 의지하며 외로움을 달래고
서로 기쁨을 나누며
"그래도 함께 살자" 한답니다.

# 걷고 싶어요

당신이 내 앞을
지나갈 때
우리는 물리쳐졌지요

계단을 올라갈 때
우리는
달려가듯 오르는
당신을 부러워했지요

국민소득 얼마라
국가 성장 세계 몇째라
우리에겐 들리지도
보이지도 않아요

붙잡고 걸으며
장애는 질병이 아니라
조금 불편할 뿐이라고
복지국가 정책을 꿈꿔요.

## 미리 봄

준비됐어요
봄바람 불어주면
미소 터트릴 거예요.

## 제3부

# 향기 속의 시 한 잔

# 당신의 손은 강물이었다

당신의 손이 없었다면
나는 어디서 시작되었을까
먼 별빛이었을까
바람 속에 흩어진 씨앗이었을까

당신의 손끝에 묻은 흙은
나를 틔운 첫 땅이었고
이마에 흐르던 땀방울은
나를 적신 첫 비였다

때로는 강물처럼 나를 감쌌고
때로는 거목처럼 나를 지켜주어
당신의 발자국에 스며든 흙 위에서
나는 무늬처럼 자라났다

이제야 알았다
당신은 단순한 뿌리가 아니라
나를 떠밀고, 받치고, 감싸던
강물이었다는 것을

나는 당신의 흐름 속에서
하나의 물결로 피어나고 있다.

# 고요의 자리에서

눈 감으면
바람도 멈추고
소란한 세상도
한 점의 고요로 스며든다

가슴속 깊은 곳
작은 불빛 하나
그곳에 앉아
숨을 고른다

어떤 슬픔도
다 지나가리라는 걸
별들은 알고 있다

오늘은 잠시
나를 가만히 안아본다
고요한 자리에서
온전한 평온을 느끼며.

# 물이 사라진 물가에서


물이 흘렀던 자리에
이름 모를 풀과 나무가 자라네
넘실대던 물결은 어디로 갔을까
땅속으로 숨었는지
아니면 하늘로 올라가 버렸는지

한때 고기 잡고 미역 감던 그곳은
이제 바람에 흔들리는 잡풀의 무대
하늘 아래 맑던 강줄기는
더는 흐르지 않고
우리의 갈증은 깊어만 가네

물이 메마른 하천에 서서
나는 묻는다
이대로 물의 생명도
우리의 생명도
말라버리는 날이 오고야 말까

목마름을 참는 마음으로
말라버린 하천에 서서
출렁거리며 울려퍼졌던
무거운 침묵을 노래 부르네.

# 풍경의 꽃

어느 순간
사람은 풍경이 된다
차를 마시는 손끝에
머뭇거리는 말끝에
잠깐 스친 눈빛에

그 풍경은
내가 본 것일까
내가 그린 것일까
바람처럼 온화하고
햇살처럼 아득하다

사람이 풍경으로 피어나는 날
나는 그 안에 묻히리라
땅과 하늘 사이
온전한 평화로

사람이 풍경일 때
내 마음엔 작은 별이 뜬다
그리고 나는 그 별빛 아래
편한 마음으로 웃으리라.

# 길을 잃고

이쪽으로 가면 저승이고
사라져가는 이들의 발자취가 닿는 곳
죽음을 지나 새로운 세계로 나가면
그곳엔 이름 없는 별들만이 살고 있다

저쪽으로 가면 이승이고
지금 내 발이 서 있는 이 땅
그 길 위에서 나는 매일을 살아가고
밤하늘의 별처럼 묻혀가는 시간 속을 걸어간다

마음을 내려놓으면 천당이라
떠나지 않는 바람처럼 나를 두고
살아 있음에, 내가 있기에
그곳에서 내가 내가 아니게 되는 곳
언제나 변하지 않는 평화가 되리라

이 두 세계 그 사이에
내가 서 있을 뿐
그 이름이 무엇인지 모르지만
아직 나는 그 길을 찾아 걷고 있다.

# 전철을 기다리며

밤공기가 스며드는 전철역 승강장에서
저 멀리 보이지 않는 철길 끝을 바라보는
기다림 속에 엉킨 마음은 무거운 공기처럼
언제 올지 모르는 열차를 그저 기다릴 뿐이다

오늘은 어떤 사람이 내 옆자리에 앉을까
아니, 내가 누구의 옆에 앉게 될지
아니면 낯선 누군가와 어깨를 맞댄 채
묵묵히 시간을 보내야 할지도 모른다

혹시나 그분과 눈을 마주칠 수 있을까
짧은 인사 한마디라도 나눌 수 있을까
아니면 아무 말도 나누지 못하고
그저 창밖 흔들리는 불빛만 바라보는 인연일까

막차는 아직 먼 시간인데 열차는 아직도 오지 않고
기다림은 이렇게 더디고 길어져만 가는 시간에
나는 이렇게 끝없는 상념 속에서 애태우며
누군가와 무슨 말이라도 나눌 수 있기를 바라며 서 있다.

# 별이 된 대화

한줌 어둠이 하늘을 덮으면
별 하나 떠오르고
그 빛 속에 너의 얼굴이 흐른다

너는 말하길
사랑은 끝없는 길 위에 서서
서로의 그림자를 어루만지는 일이라고
나는 대답하길
사랑은 그늘진 눈 속에도
서로를 비추는 별이라고

아득히 멀어진 목소리가 은하수 위를 건너올 때
나는 비로소 알았다
우리가 나눈 말들은 시간을 건너 영원이 되어
별빛으로 쏟아진다는 것을

별 아래 다시 서면 그날의 목소리가 들려오고
나는 묻는다
우리는 사랑했는가, 아니면 사랑을 꿈꾸었는가
대답 없는 별빛만이 여전히 그 자리에 머물러 있다.

# 향기 속의 시 한 잔

창틈으로 스며든 찬 공기
깊은 묵상의 흔들림 속에서도
내 앞에 놓인 잔은
따스한 위로를 건넨다

모락모락 피어오르는 김 사이로
진한 향기와 달콤한 맛
코끝에서 가슴으로 스며드는
짙은 감정의 물결

그 순간, 시가 떠오른다
시어들을 한 톨 한 톨 모아
하얀 종이 위에
그림을 그리듯 수놓는다

향에 취해 눈을 뜨지 못하는 마음에
이 작고 향기로운 찰나의 기쁨이
마음을 녹여 하루를 노래하게 해
커피잔 속에 행복으로 담겼다.

# 미처 물들지 못한 잎

단풍의 붉은 손짓이 산자락을 스치며
아직은 머뭇거리는 초록에게
마지막 인사를 건네려 하였건만
겨울 같은 기온이 가을의 문을 닫아버렸다

물들 기회조차 빼앗긴 채
얼어붙은 푸른 잎들
바람결에 흩날리는 그 모습이
애처로워, 또 원망스러워

저무는 계절의 질서를 어지럽힌
기후의 변덕을 탓하며
소리 없는 탄식을 삼킨다

그대들은 물들지 못했어도
빛을 잃지 않았으니
이 땅의 또 다른 계절 속에서
다시 피어나리라 믿고 싶다.

# 12월의 서시

한 해의 끝자락에서 나는 묻는다
지나온 길에 부끄러움은 없었는지
마음속 약속은 몇 번이나 지켜졌는지

겨울 하늘의 별처럼
희미한 기억을 헤아리며
내 안의 어둠과 빛을 마주한다

새벽의 찬바람이 문을 두드릴 때
나는 흔들리지 않는 나무가 되리라
잎을 모두 떨군 채로도
하늘을 향해 가지를 뻗는 그 나무처럼

12월이 문을 연다
새로운 시작을 품은 마지막 달
나는 다짐한다
넘어질지라도 다시 일어설 것을
흔들릴지라도 끝내 꺾이지 않을 것을.

# 너는 내 햇살

어두운 밤길을 잃어버린 내 마음에
그 한 줄기 빛을 던져준 것처럼
내가 아무리 방황해도 너의 빛은 언제나 내 곁에 있었고
그 빛이 없으면 나는 단 하루도 살아갈 수 없을 것 같아
너는 내 햇살이야

그렇지만 나는 너에게 다가갈 용기가 없다
햇살을 두 손에 담을 수 없기에 그저 바라보며 서성일 뿐이다
내 어둠 속에서 너의 빛이 나를 비추는
그 짧은 순간만으로도 내 모든 것이 살아나는 것 같아

내가 끝없이 어두운 길을 걸을 때
너의 미소는 길 위에 별처럼 반짝였다
그 따뜻함이 내 안에 스며들어 차가운 겨울을 지나
봄이 오는 것처럼 너는 내 삶의 온도요 내 존재의 이유

하지만 나는 그저 너를 바라보며
조용히 너는 내 햇살이라고 속이 터지도록 외치고 있다
내가 그리운 너에게 내 마음을 다할 수 있을 때까지
너는 내 햇살이 되고 나는 그 빛을 따라 살아간다.

# 쓴 커피 한 잔

조금 달게 설탕을 조금 더 넣으리라
마음먹었으나 그렇지만 그게 아니었다
내 입에 닿는 것은 달콤함이 아니라 어딘지 모르게 짭짤한 맛
내 입 끝에 남은 건 설탕이 아닌 소금

설탕과 소금의 구분이 어쩌다 이렇게 흐려졌을까
그 차이를 몰라 내 손과 눈과 마음이 이리도 어지럽다
나는 왜 늘 정확히 원하는 것을 구별하지 못하고 쓸쓸히 지나는지
설탕은 언제나 달아야만 하는데
소금은 차라리 눈물처럼 묻어두어야 할 텐데

하지만 나는 그 어느 것에도 닿지 못하고
쓸쓸히 씁쓸한 커피 한 잔을 마시고 있다
내가 놓친 것이 무엇인지 이젠 알 수 없고
그저 세상의 맛은 그렇게 비틀어진 채 내게로 다가온다

이대로 살아가야 하는 건가
어디서부터 잘못된 걸까
설탕과 소금처럼 내 인생의 구분도
점점 더 흐려지지 않았으면 한다.

# 별 하나를 심으며

또 한 해가 지고 새해가 찾아와
시간은 가만히 내 어깨를 두드린다
지나온 길 위의 나를 돌아보면
자신을 부끄럽게 했던 밤이 있었네

눈 위에 발자국을 남겼듯
새해엔 맑은 마음으로
빛나는 다짐을 적으리라
어둠 속에서도 희미하게 빛나는
별 하나 내 안에 심으리라

바람에 흔들려도 꺾이지 않는 마음을
추위 속에서도 따뜻하게 피어나는 용기를
한 줌의 진실과 한 줌 사랑으로
내일의 나를 길러내리라

나는 걸어가리
멀리서 날 부르는 별빛을 따라
더 깊은 하늘로 더 넓은 세상으로.

# 한강의 밤

한강은 밤을 품고
조용히 흐른다
달빛도 그 안에 스며들어
물결처럼 일렁인다

별은 손끝에 닿지 않고
저 멀리 하늘을 떠돌다
가슴속에 미련만 남긴 채
바람은 무심하게 내게 다가온다

밤은 깊고
어둠은 친숙하다
그 속에서 나는 나를 찾고
한강은 그 모든 것을 받아준다

일렁이는 물결은
아무 말 없이
지치지 않고 조용히 흐른다.

# 영광의 주께 찬양을

하나님 아버지, 우리의 주관자
생사화복을 손에 쥐고 계신 주님
당신의 뜻을 따라 걸어갑니다
주님의 사랑, 끝까지 따라가리다

찬양하며 기도합니다, 주님의 은혜
우리의 길을 인도하시는 그 손길
어둠 속에서 빛이 되어주시며
우리의 삶을 새롭게 하시네

주여, 이 땅의 주권은 오직 주께
우리의 삶을 이끌어주시니
영광의 주, 찬양을 드리며
주님의 뜻 안에 살게 하소서.

# 은혜의 길을 걷게 하소서

참으로 거칠고 먼 길을 걸어왔다
산을 오르며 청춘을 잃었고
벌판을 헤매며 젊음을 소비하다
찬송 소리에 이끌리어 찾아간 곳

그곳에서 주님에게 붙들리어
이제라도 감사하고 경외하며
은혜였소, 축복이었소, 찬송하고
봉사하며 섬기며 살게 하심에

몸 바쳐 살고 싶은 심정을
하나님 앞에 드리며
내 삶을 온전히 주님께 맡기고
그 길을 따라 걸어가리라.

# 구두굽

아무도 모르지
그의 다리 하나가 짧아서
구두굽을 두껍게 고여
투박한 짝구두를 끌고 다니는 까닭을

아무도 모르지
한 발짝씩 옮길 때마다
믿음으로 지탱하며
내디디는 발자국의 무거움을

아무도 모르지
지그재그로 절뚝거리는 걸음걸이
넘어질 듯 휘청거려도
얼굴에 늘 미소가 번지는 까닭을

그분만은 아시지
계단 오르내리는 발자국마다
복지국가 장애인 시설을 염원하는
간절한 그 기도를.

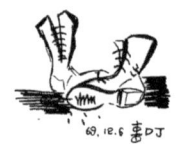

# 맘 아시려나

불볕더위와 열대야
주의보 전달될 때
흘러내리는 땀과 달리
한쪽 발목이 시려
견딜 수 없어
핫팩을 찾아야 하는
장애인의 심정.

# 구멍

그걸 완성하기까지
몇 번이나 들이받았을까
온 힘을 다해 고개를 처박아
부리 끝으로 나무를 쪼아
동그랗게 만든 딱따구리 집.

## 제4부

# 그랬으면 좋겠네

# 밥상

이라고 있을 때가 아니지비
나물 무치고 찌개 끓이고 밥해야지
바다 휘젓던 어제를 못 잊어
눈 감지 못한 조기 굽고
밑 빠진 시루인 줄 알면서
물 주고 주고 주어 기른
뿌리 돋지 않은 오동통한
대가리 벌어지지 않은
콩나물을 삶아 나물 무치고
짙은 향 물씬 나는 냉이된장국 끓이고
기름기 자르르 흐르는 고슬고슬한 밥 차려
밥을 파 만든 웅덩이를 달걀로 메우고
고랑 일구던 삽 같은 수저 놓고
지게 내려놓고 쉬어가던
작대기 같은 젓가락 나란히 놓음으로
온 가족이 둘러앉아 먹을 수 있도록 차린 상.

# 11월의 욕심

형형색색의 단풍잎
아름답고 멋들어진
완연한 가을풍경 속에
퐁당 빠져들고 싶습니다

어딜 가나 손짓하는 단풍잎
아름다워 한두 잎 줍지 않고는
그냥 지나치기 아까운
멋진 추억으로 안아보고 싶습니다

지나가 버린 시간은
다시 올 수 없기에
소리 내어 마음껏 웃을 수 있는
나날이 되었으면 좋겠습니다.

# 싫지 않은 이별

나는 매일 매일 이별을 하고 산다
그제와 이별을 했고
어제와도 이별했으며
싫지 않은 오늘과도 이별하여
어제를 만들어야만 한다
며칠을 살다 보면
이 달과도 어쩔 수 없이 이별해야만 한다
그러나 지나간 날들은 좋았다
그만 이별하지 않고 살았으면 더욱 좋겠다.

# 편의점에서 만나요

달빛이 반쯤 잠긴 쇼윈도 앞에서
우리는 말없이 우유를 고른다
거대한 은하를 비닐봉지에 담듯
손끝에 따뜻한 별빛이 스민다

멀고 복잡한 거리는 잊어버려요
껌 종이처럼 접어 주머니에 넣어요
여기 천 원어치 꿈이 반짝이고
작은 계산대 위에 세계가 눕습니다

고르지 않은 형광등 아래
컵라면은 우주처럼 부풀어 오르고
허공에 놓인 말들은 연기처럼 퍼져
우리 마음은 숨결 사이로 터진다

편의점 테이블에 비친 시간의 얼룩 속에
나는 당신의 당신은 나의 가슴속 맘을
한입 들이켠 달착한 우유 맛처럼
조심스레 그러나 깊이 나누기로 해요.

# 그랬으면 좋겠네

도심의 시달린 군중 속에 나는 섬이 되어
아날로그를 움켜쥐고 파란 하늘을 꿈꾼다

이빨이 날카로운 짐승들은
전쟁을 위한 계획은 없었다
다만 배고픔을 달랠 길 찾았을 뿐

감옥의 잠자리를 고심했다고
절대 관념의 이원론적 사고로
땅에서 하늘로 뿌리내리려거나
이 세상을 끌어안으려 하지는 말아라

쓰레기 같은 현실이라고
고통과 욕망과 공포를
쾌락으로 달래려들지 말고
호밋자루 힘있게 움켜잡고
성심 다해 잡초를 골라 뽑아야 할 터

끊임없이 불어주는 바람, 바람
언젠가는 풀어야 할 매듭이라면
하루라도 빨리 풀어
모두가 행복했으면 좋겠다.

# 빈 껍질의 축제

사랑은 주인 빠진 잔칫상
입술은 춤추고 눈은 닫혔으나
쾌락은 찰나의 불꽃처럼 타고
재만 남겨둔 채 밤은 끝났다

땀냄새 속 우울함이 누워
서로를 모른 채 안긴 몸들
달빛은 의심 많은 목격자
귓가엔 정적이 숨쉰다

유리잔 부딪는 소리처럼
피살한 온기만이 남은 방
속은 텅 빈 도자기
무언가 담길 자리는 비어 있다

그의 손끝은 다정했지만
마음은 지문 하나 묻히지 못했다
이 사랑 없는 축제의 끝엔
허탈이 웃으며 나를 벗긴다.

# 바람과 꽃

자신을 자랑하지도
남을 미워하지도 않는 꽃

그물에도 걸리지 않고
험한 산도 오르내리는 바람

편하게 살려면 바람처럼
아름답게 살려면 꽃처럼 살란다.

# 잊히지 않는 문장들

어느 날 문득
손끝이 시를 찾는다
읽을 때마다 접힌 심장이 펴지고
눈가에 바람 대신 오래된 문장이 스친 시

하루 끝자락
마음이 기울어지는 밤이면
책장 속 깊이 숨겨둔 시 한 편이
가만히 나를 들여다본다

잊힌 줄 알았던 어떤 시는
가슴에 묵직한 여운을 남기고
다시 맥동치는 어떤 시는
마른 가슴에 스며들어 한 방울 비가 된다

나는 문장을 닫지 못한다
몇 번이고 다시 읽고 싶은
지워지지 않는 문장들이 있어
책장을 덮어도 시는 사라지지 않았다.

# 쉼터

내 마음에
의자 하나 놓았습니다
바람도 쉬어가고
구름도 쉬어가라고
하지만
진정 쉬어가기를 바라기는
그대입니다.

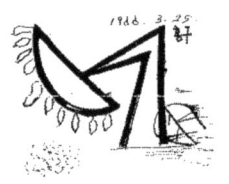

# 향수

우리 어머니가 사용하시는
쿠션 퍼프에서 뿜어져 나온
미소를 짓게 하는 냄새

용광로에서 쇳물을 쏟기까지
광석과 용제와 연료를 태우며
흘리는 땀에서 나는 냄새

색채로 벌과 나비를 불러모아
번식의 목적을 달성하려는
꽃의 생식기에서 나는 냄새

꽃이 피고 열매 맺는 곳은
원줄기가 아닌 곁가지인 것을
그 나중에야 알았습니다.

# 아침에야 알았다

간밤 몰고 간 비바람에
무게를 감당 못 한
감나무 가지가 꺾여
담장에 걸쳤는데
그 틈에 새로이 집을 지은
거미집 하나를 보았다

비 내리고 바람 불어
나뭇가지를 부러뜨렸어도
살아야 할 집은 있어야 하기에
밤새 잠도 자지 못하고
새로이 살 집을 지었나 보다

아무것도 모르고 잠을 잔
나는 그래도 행복했었나 보다.

# 커피 한 잔의 행복

오늘따라 몹시 덥다
그래서 짜증 절로 났다

무더위 날려버릴 게 없을까
큰맘 먹고 매장을 뒤졌다

돌아올 적에도 땀은 흘렀다
커피 속에 얼음조각을 넣었다

커피잔 들고 테라스로 나갔다
목줄 통해 흐르는 진한 커피향.

# 퇴원한 친구

친구야
내 귀를 의심했단다
말도 안 될 이야기
내가 잘못 들었나 싶었지

그동안
아니 지난주 만났을 때
우린 유쾌했었지
너의 얘기에 우리는
손뼉을 치며 웃지 않았느냐

그런데 어찌 거기 누워 있느냐
빨간불이 켜진 너를 위해
우리는 모여 친구를 살려 달라
눈물로 하소연했지만

친구야 또 만나자 말 못 하고
너와 다른 길로 돌아온 우리는
오늘 밥수저를 입에 넣을 수 있음에
감사기도 외 더 이상의 도리가 없었다.

# 하늘의 찬양, 땅의 기도

하늘의 높이를 재는 자가 없듯 주님의 사랑을 다 알 수 없으니
나는 그 사랑에 잠겨 찬송하며
내 마음의 깊은 곳에서 울려 퍼지네

하나님 아버지 경외의 마음으로 이 작은 몸짓을 들여다보시니
당신의 은혜와 위로를 알며
이 모든 것을 찬양으로 바치렵니다

나의 삶을 주님께 올려드리며
하루하루가 당신의 뜻 안에 있음을 깨닫고
마음과 온몸으로 춤추며 주님의 영광을 찬양할 수 있게 하소서

하늘의 별들처럼 빛나는 주의 이름 그 거룩하심을 기억하며
내 기도와 찬양을 하늘로 드리오니
주님, 받아주소서

그 은혜로 내 삶을 이끄시고
영원히 주님을 찬양하는 이 마음을
여기, 이 땅에서부터 하늘까지 영원히 송축하오리다.

# 계단

오르며 세상 보면
한 발짝 땅에서 멀어지고
하늘에 한 걸음 가까워졌건만
마냥 높아만 보여

한 발짝 내려서면
하늘이 멀어지고
땅에 한 걸음 가까워졌건만
주머니 뒤져도 잡히는 것 없어

몇 년을 밟고 오르내렸건만
오늘에야
높고 단단한 것이 너인 줄 알아
다리에 힘을 가합니다.

# 짝구두

소문난 명품을 판다는
어느 매장에서도
살 수 없는 내 구두

발이 아닌 다리에 맞춘
투박해서 개도 물어가지 못한
어디서도 살 수 없는 맞춤구두

유행의 첨단
새 모델을 준다 해도
나에겐 맞지 않는 구두

패션이 아닌 생활에
안성맞춤의 신발
바벨탑 아닌 편한 짝구두.

디카 詩

## 아버지 집

저기 불빛 밝은 곳
우리 집이에요
아버지 계시는 집.

제5부

# 다름 속의 같은 마음

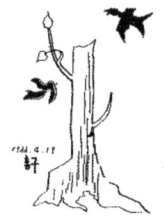

# 나는 오늘 강도를 만났다

강도를 당했다
그러나 감사한 일이다
생명이나 큰돈이 아닌
시집詩集이 들어 있는 가방 속을 털렸기에
재산을 털린 것 아니고
시집을 털렸기에
특히나 털렸어도
다치지 않았으며
강도가 내 시집을
읽어준다면 감사할 일이다.

# 비 오다가

너무나 가물어 논이 갈라지고
하천의 물이 줄어 바닥 드러난 땅에
잡초 무성하고 식수 걱정하던 차에 내린 비

억수로 퍼부어 나무가 뽑히고
산이 파이고 무너져 흘렀으나
개울 넘치지 않고 흐르는 고마운 비

비 오다 주먹만 한 우박 무섭게 떨어져
많은 피해당할까 염려해야 했던
기후변화가 가져오기 전엔 경험 못 한 날씨

비 오다 바람 불었으나 피해 없게 하였고
겪어보지 못했던 기후변화 현상을 잠재워
가뭄이 회복되도록 어루만져 주셔서 고맙습니다.

# 다름 속의 같은 마음

너는 너의 길을 걷고
나는 나의 길을 걷는다
발자국이 다르고
바람이 닿는 방향도 다르다

너의 하늘엔 구름이 드리워도
내 하늘엔 해가 뜨고
너의 바다엔 파도가 일어도
나의 강물은 고요하다

그럼에도 우리는 같은 꿈을 꾼다
아프지 않기를
웃음이 사라지지 않기를
내일이 오늘보다 조금 더 빛나기를

다름은 끝이 아니고
마음은 그 다름 위에 놓여
하나의 다리처럼 이어진다

건강하고 싶고 행복하고 싶은
그 간절함으로
우리는 여전히 같은 길 위에 있다.

# 지구의 숨결

깊은 푸름으로 울려퍼지던
지구의 숨소리가 점차 흐려진다
산들바람은 고통의 한숨으로
맑은 물결은 탁한 눈물로 변해간다

햇살은 여전히 따사롭지만
그 아래 모든 생명은 타들어간다
얼어붙던 빙하의 침묵 속에서
지구는 속삭인다, 내가 아프다고

사라지는 숲의 노래와 죽어가는 바다의 춤
우리가 외면했던 작은 변화들이
거대한 재앙으로 돌아오고 있다

그러나 희망은 아직 남아 있다
마른 가지에도 새싹이 돋고
어둠 속에서도 별이 빛나듯
우리가 손을 맞잡고 마음을 모은다면
지구는 다시 푸르게 숨쉴 것이다.

# 별 하나 뜨게 하리

부서져야 하리 더 많이 부서져야 하리
이생의 욕심이 하얗게 소금이 될 때까지
무너져야 하리 더 많이 무너져야 하리
억만 번 부딪힌 상처 질펀히 드러눕기까지

깨어져야 하리 더 많이 깨어지고 또 깨어져
자아와 교만과 아집이 하얀 파도가 될 때까지
씻겨야 하리 더 많이 씻기고 또 씻겨
제 몸 속살까지 하늘에 비추어야 하리

그래서 비로소 조용해지리
슬픔도 괴롬도 씻기고 부서져 맑고 깊은 바다 되리
그 영혼의 바다에 맑고 고운 사랑의 별
어둠 밝히는 별 하나 뜨게 하리.

# 웃음 처방전

입술 끝에 머문 한 알의 웃음
시간의 비늘이 조용히 벗겨지고
삐걱대던 하루는 제 무게를 잊은 채
기지개를 켜며 미소로 몸을 푼다

처방전엔 적을 수 없는 약
무형이지만 은근히 중력을 거슬러
고장난 마음에 조용히 해가 뜨고
어제는 유머로 다시 빚어진다

웃음은 고통의 얼굴을 환하게 바꾸는
영혼의 착각이자 심연의 균열
절망의 목덜미를 간질이며
어둠의 벽에 틈을 달랜다

죽음마저 입꼬리를 배우는 날
우린 존재의 본질을 깨닫는다
형상이 아닌 스며드는 미소라며
신은 웃음으로 세상을 처방했다.

# 시 한 송이

조용히 열리는 마음의 창가에
한 줄기 봄빛이 스며들어
잊은 줄 알았던 그리움이
찻잔 가에 고요히 내려앉습니다

바람 끝에 실려온 작은 숨결이
이름 모를 꽃으로 피어나
그리움은 얼굴도 없이
내 가슴에 고요히 닿습니다

말없는 기다림이 흔드는 창틈에
당신의 발자국이 번져와
오지 않아도 알 수 있는
기억으로 문밖에 머뭅니다

오늘도 작은 시 한 송이를 놓습니다
당신이 건너갈 시간의 길목에
흔적처럼, 향기처럼
조용히 피어 있으라고.

100 ∗80송이

# 있었으면 좋겠다

보드라운 말 한마디
지친 하루 끝에 덮는 담요처럼
단맛 나는 하루 씁쓸한 입안에
조금만 흘러들면 좋겠다

사계절 덥고 추워도
변하는 게 있다는 안도감
삼한사온쯤의 마음
지나치지 않은 변덕이면 좋겠다

동행은 혼잣말이 둘이 되는 기적
아이들 웃음은 조용함보다 생의 증거
뒤에서 미는 손길
앞장선 마음보다 오래 남는다

조금 들어 있는 지갑
가볍지 않은 하루를 버틸 만큼
그런 것들이 살면서
하나씩 있었으면 좋겠다.

# 바람의 흔적

세상에 작은 바람이 일면
우리의 숨도 흔들린다
흩어진 나뭇잎처럼
그 바람이 지나간 자리엔
여기저기 무심히 말라버린 들꽃들이 있다

어느 날 길 위에서
햇살도 달라진 것 같다
밝고 따뜻하던 그 빛은
이제 쓸쓸히 남아
버려진 땅에 미련을 두고

밤이 오면
별들도 점점 빛나 가고
우리는 그들보다 더 무거운 그림자를 지고
서서히 걸어간다

어린 시절의 봄바람은
이제 다시 오지 않는다
이 땅에 남은 건
돌아가던 길 위에서
덧없이 지나간 바람의 흔적뿐이다.

# 가을이 녹는다


가을은 더 이상 저 산을 붉히지 못한다
하늘은 깊은 빛을 잃고
내리는 빗방울도 그저 지쳐 떨어진다
여기저기 푸른 나무들의 얼굴은
언제나처럼 하늘로 고개를 들지만
그 뿌리 아래 숨겨진 시간은 조용히 마른다

어느 새벽 햇살은 무겁게 땅 위를 기어가고
흙 속의 숨결도 더디다
아무도 모르게 겨울을 앞두고
여름의 온도가 내 맘속을 떠나지 않는다

온 세상이 숨을 쉬지 않고
우리는 알지 못한 사이 그 숨결을 놓아버릴 것이다
모든 것이 느리게 하지만 거대한 속도로 녹아가고 있다
산을 지나 강을 건너 우리의 시간이 지나간다

내 발자국도 이제는 무겁고
살갗에 닿는 공기조차 비어 있어
이 땅에 우리가
아직 살아 있다는 것만이 슬프게 흔들린다.

# 기적의 걸음걸이

교통사고로 전신이 망가져
수술했어도 외출은 못 한다
휠체어를 벗어날 수 없다 했지만

휠체어에 의지한 날들이 지나
목발을 짚고 한 걸음 한 걸음
지팡이에 기대어 또 한 걸음
마침내 두 발로 홀로 서니
이 어찌 기적이 아니리

여호와 라파 치유의 주여
고통 속에 빛을 심으시고
절망 끝에 길을 내셨네

걸을 수 있음에 감사하고
살아 있음에 찬양하리라
내 삶의 모든 발걸음이
주를 향한 노래가 되리니.

# 시간의 둥지

어머니의 손은 새벽마다
햇살처럼 밥상을 깔고
아버지의 눈길은 밤마다
달빛처럼 이불을 덮었다

우리는 이름이 다르지만
같은 바람에 흔들리는 나무였다
때로는 가지가 부딪혀 상처를 남겨도
결국 같은 뿌리로 물을 나눴다

한 지붕 아래서
사랑은 공기처럼 흘렀고
우리의 웃음은 서로의 창을 열었다

이제 우리도 당신처럼
시간의 둥지를 짓는다
손끝으로 사랑을 새기고
눈길로 세상을 감싸며

당신의 시간 속에서 자란 우리
이제는 우리도 누군가의 시간이 되려 한다.

# 침묵을 깨고


후조가 목을 길게 빼며 부르는 노래가
녹슨 나의 펜촉을 닦아주어
메마른 가슴에 잉크 물을 투기하게 하여
긴 잠에서 깨어나게 하누나

무딘 펜 끝에 적신 먹물이 흐르지 않아
응어리진 가슴속 깊숙이에서 잠들지 않고
용솟음치는 절규 짙은 폭풍이 쏟아지기 전에
조용히 맞이할 채비를 서둘러야 할 심정이기에
나는 주섬주섬 챙기어
그를 맞이해야만 하겠구나

진정코 가슴속 깊숙이에서부터
망설임 없이 털어놓고 맞이하고 싶은
진정이 흐름을 감출 길 없다.

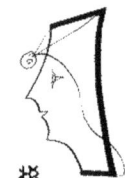

# 가위바위보의 운명

등을 맞댄 두 운명이
한 손을 들고 우주를 쪼갠다
미혼의 가위 기혼의 보
손바닥엔 나이든 심리가 있다

돌은 남자의 숨결이라서
말없이 강하고 느리게 흐른다
가위는 그 돌을 벼리고
보는 모든 것을 덮는다

보를 잘 내는 아이의 손엔
'보'라 외치는 발음의 무게
미혼은 감추고 기혼은 드러내며
손바닥 하나로 자기 몸을 말한다

세 가지면 충분한 우주의 질서
너무 적으면 얕고 많으면 복잡하다
우연의 옷을 입은 필연 하나
가위바위보는 사람을 드러낸다.

# 세상에서 가장 좋은 약

도라지가 좋다 했더니
더덕이 더 낫다 한다
더덕보다 인삼이 훨씬 좋단다
인삼마저도 모자라
홍삼이 몇 배나 뛰어나다고 했다

허준은 인삼으로 죽어가는 사람을 살렸다니
홍삼은 죽은 이를 살릴 수 있냐고 묻는다
어떤 것이 가장 좋으냐 묻지 말라
가장 좋은 약은
구약과 신약이라 하지 않던가

삶을 살리고 영혼을 치유하는
그 약이야말로
세상에서 가장 귀한 약이라.

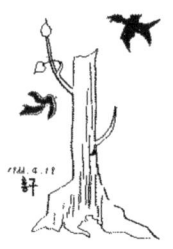

# 너는 왜 거기 서 있니

차 심하게 오가는 사거리에 신호등은 밝혀두고
건널목에 보행자 횡단 등은 왜 안 달았는지
공화당 때부터 버티고 서 있는 육교
너는 그 자리에서 다 보았을 거다

완만한 경사였으면 좋으련만 번데기 주름 같은 급경사
손잡이를 붙잡고 삐거덕 저며오는 진통을 참으며
오르내리기에 얼마나 땀을 흘렸는지 모를 것이다
장애는 질병이 아니라 조금 불편할 뿐이라고
복지국가를 염원했었지

젊은이는 흥얼거리며 오르내릴 수 있지만
어르신들은 어찌해야 하나
목발은 그래도 땀 흘리며 오르내리지만
바라만 보고 있어야 하는 휠체어는 어이가 없단다
리프트 하나 품지 못하고 아직도 그 자리를 버티는 저 흉물

다리를 상스럽게 쩍 벌리고 서 있는 너는 모를 것이다
그들도 사고 나기 전엔 걷고 달리고 뛰었다는 것을
건너갈 수 있는 건널목이기를 원하는 휠체어 눈빛
시대는 여기까지 왔는데
어찌 그 자리에 아직도 겁없이 서 있느냐, 넌!

# 하늘을 우러러

사도신경으로 믿음을 고백하고
주기도문으로 기도를 올리며
하나님을 경외하는 마음으로 두 손 높이 들어 찬양하며
즐겨 손뼉 치며 노래를 부릅니다

베풀어 주신 은혜에 감사하며
기쁨이 넘칠 때는 춤추며
은혜에 감사할 때는 눈물로
베풂의 손길은 조용히 내밀며 이웃의 아픔에 마음을 쪼갭니다

작은 삶이 구원의 씨앗이 되어 삶으로 전하고
사랑의 손길로 열매 맺기를 바라며
주님의 이름을 부를 때마다
가슴 깊은 곳에서 터져 나오는 신앙의 간증을 씁니다

진정한 신앙의 길 위에서 믿음 지켜 하나님을 찬양하며
하늘을 우러러 부끄러움 없기를
내 삶이 그분의 사랑 닮기를 고백하고 간증하며
그 사랑을 세상에 전하리라.

# 뛰어보고 싶어

덜커덩 뚝딱
삐거덕 저며오는 진통
손잡이 붙잡지 않곤 서 있기 어려운
봄이라 생각했던 겨울의 끝자락에서

사고로 입은 장애
재활 의지로 불태운 15년
보조기 푸는 데 5년
목발 버리기에 10년
지팡이 붙잡고 통증을 삭였습니다

등산 가방 메고 집을 나서 봤으면
꿈에 보았던 곳을 가봤으면 정말 좋겠습니다
청계천도 거닐고 도봉산도 오르고 싶지만
그보다 우선 도서관이라도
자유로이 나다니고 싶습니다

지팡이 없이는 서 있기 어려운 진통
그래도 흔들거리고라도 걸을 수 있어
나는 행복합니다.

## 돌다리를 건널 때

돌다리를 휘감고 흐르는 물이
재미있는 소리를 들려주고 있다
쌓인 감정은 가슴에 두지 말고
흘려보내 버리라 하였다.

# 제6부

# 그래도 후회는 없다

# 그래도 후회는 없다

하늘 향하여
두 손 높이 들어
원을 크게 그어놓고
그 속으로 들어갔습니다

새로 받은 달력에
계획을 새겨놓고
한 달 두 달 열한 달 보내는 동안
제대로 이룬 것 없어 눈가가 젖습니다

그 원 속에서
뱅글뱅글 돌면서
늘 좋다고 살면서
원 밖을 바라보지 못했습니다

열한 달은 갔지만
이제 남은 한 달
원 안에서 뜻있게 보냄으로써
후회는 하지 않으렵니다.

# 태양을 삼킨 여자

그녀는 입술 끝에 불을 물고
정오의 심장을 꿰뚫었다
어둠조차 숨을 삼켰다

눈빛은 타오르는 혀였고
잿더미 위로 춤을 췄다
하늘은 고개를 들었다

모든 계절은 그녀의 그림자요
그 안에서 자연은 녹아내리고
나는 눈을 감지 못했다

남은 것은 재보다 붉은 침묵
그 침묵이 나를 태웠다
마침내 나도 향과 빛을 삼켰다.

# 밥솥의 눈물

내가 나를 잘 모르는데
네가 나를 어찌 안다고

오늘에 매여 발버둥쳐도
이윽고 해지면 과거인 것을

진주도 금강석에도 소망은 없고
오직 살아계신 하나님밖에는

이윽고 밥솥가에 눈물이 떨어져서야
설익지 않았음을 깨달아 알게 된 범인.

# 쓰레기통 차지 마라

자리 탓하지 않고
비바람도 피하지 않고
늘 그 자리에 앉아 있는 너

기분 나쁘다고
세상 엿 같다고
발로 차지 마라

찌그러지고
쓰러지며
쏟아지겠지

잘났다고 우쭐해서
차 봤자 발만 다쳐
얻은 것보다 잃을 게 많다.

# 꽃은 본디 그렇게 생겼다

꽃은 제 이름을 몰라도 핀다
화단이건 쓰레기통 옆이건
예쁨은 주소 없어도 배달된다

향기는 사족처럼 따라붙고
눈이 먼저 만져 본다
손대지 않아도 만져지는 꽃들

날마다 나는 꽃에 점수를 매긴다
그런데 매길수록 지는 쪽은
꽃이 아니라 내 쪽이다

피는 건 꽃인데
지는 건 언제나 인간이다
아름다움 앞에서 먼저 시드는 쪽.

# 국립묘지에 핀 코스모스

조국은 명칭만으로 된 것이 아니었습니다
그대의 흙 묻은 신발이 계단을 올라올 때
비로소 깃발이 펄럭이기 시작했어요

비 쏟아지듯 한 총알은 멈추었지만
꽃이 된 당신은 바람의 방향으로만 웃고
기억은 때때로 사는 자의 무덤이었습니다

해마다 6월의 꽃은 말이 없습니다
무릎 꿇은 구두들이 서로를 쳐다보며
구멍난 시간 속에 경례를 주고받을 뿐

산 자와 죽은 자의 차이는
한쪽은 잠자고 다른 쪽은 깨어 울 뿐
이 나라는 아직도 당신을 기리고 있지요.

# 비틀림의 정원

분재 공원에 나는 뿌리째 걸려들었다
아름다움이란 단어는 고통의 비명
나이테 속으로 사라진 울음의 굴곡
누가 가지를 비틀어 그를 구부렸는가

86년의 침묵은 손목처럼 꺾인 시간
그의 자세는 간절함의 화석
"살려달라"는 외침은 관람객의 침묵에
반항도 못 하고 울어야 했던 세월의 겹침

나는 울음을 꺼내들고 눈을 감았다
도와주지 못한 자의 리본이 바람에 날리고
나는 모범생이 아니라 단지
식물 앞에 무기력한 인간이었다는 죄진 자

분재는 아직도 비명을 쥐고 있다
작은 잎맥 하나에도 구조신호가 숨쉬고
나는 감탄이라는 족쇄를 벗어버리려 했지만
그 팔을 펴주는 순간 예술이 사라질까 두려웠다.

# 철모의 시간

풀잎은 아직도 그 자리에 엎드려 있다
녹슨 철모 하나 하늘을 베고 누워 있고
총성 그쳤지만, 방향 잃은 그림자는 남아 있다

붉은 핏자국은 지워졌어도 흙은 기억하고
저 무명의 고요는 무겁고도 단단하여
고개 숙인 나무들조차 하던 말을 잃는다

그날의 총성은 아직 풀밭을 걷는다
허공에 박힌 눈동자 하나 눈 감지 못하고
구부러진 햇살 속에서 조용히 떨고 있다

철모는 말이 없으나 대신 숨을 들이쉰다
바람은 전우들의 이름을 차례로 부르고
그 이름 위로에 우리는 꽃을 바친다.

# 늦은 빛의 정원

시간은 나이테가 아니라
햇살을 바라보는 목덜미의 각도다
나는 내 나이를 잊어가는 연습을 한다
삶은 오래된 그릇에 담긴 따뜻한 찻물처럼
한 모금씩 의미를 우려내는 일

병病은 지위 앞에서 웃지 않는다
아침 산책은 축복의 의식
노년은 퇴장이 아닌 깊은 입장이다
사랑과 일이 두 손을 잡아주지 않으면
몸은 먼저 영혼을 떠나려든다

친구는 눈빛을 부르는 자석
그의 말투에서 어린 날이 되살아난다
웃음이 자란 주름을 가진 사람과 침묵을 나누는 저녁
따뜻한 고독이 있다면 그건 외로움이 아니다

꿈은 늙지 않는다 다만 조용해진다
기도보다 조용한 명상 속에서
나는 나를 만나는 법을 배운다
스스로 아름답다고 느껴지는 순간
죽음조차 발소리를 늦춘다.

# 나의 펜은 마른 적이 없었다

그때 펜에 잉크를 적셨던 거야
도내 글짓기대회에서 뽑히어
상 탔던 초등학교 5학년 시절

학원 문예란에
나의 작품이 소개되었던
중학교 1학년에 이어

추천의 문을 두들겼던 1965년도
먹고사는 데 시간이 부족하여
3회 추천의 관문은 통과하지 못했어도

졸업 기념으로 첫 시집을 내놓을 때
DMZ에서 띄우던 위문편지의 답장에
자식 낳고 키우며 돈 벌며 썼던 작품까지

밤낮 계절 구별 없이 놓치고 싶지 않은 생각
속삭여보고 싶은 그리움을 그릴 때마다
여든을 털어놓은 제8집까지 펜은 적셔 있었다.

# 특별한 빨래

햇살에 널린 하루를 털어낸다
셔츠 한 벌에도 주름진 내가 있고
바람은 내 잘못을 접어 건조시킨다

비눗물 속엔 어제의 말들이 떠 있다
무심코 던진 눈빛 미처 닦지 못한 후회
속옷보다 더 민낯인 나의 부끄러움

삶은 늘 얼룩과의 동거였다
그러나 매일의 헹굼은 어김없는 용서
하얀 속살로 다시 걸리는 희망

마당 끝에 매달린 클립이 흔들린다
작은 죄책감도 놓아주려는 손짓처럼
나는 오늘도 조용히 나를 말린다.

# 버르장머리 있는 여자

무심한 거리의 껍질 아래
휘어진 햇살처럼 나타나는 여자
바람에 뒹구는 휴지 한 장을 주워
자기 가방 속 우주의 틈새에 넣는 여자
그 손끝에서 휴지마저 예의 차려 묵례하고

노인의 짐을 받아들 때
그녀는 팔이 아니라 시간을 들어올린다
무게는 킬로그램이 아닌 기억으로 측정되고
그녀의 어깨에서 세상은 잠시 누군가의 아들처럼 가벼워진다

청바지는 그녀의 다리에 붙은 풀잎 같아
한 치의 과장도 없이 땅을 딛고
화장기 없어도 빛나는 얼굴은 밤을 닮아 어둠 속에 피는 별 하나요
말 한마디는 우유 거품 같은 평온을 휘젓는다

그녀를 만나는 날은 달력에서 하루가 벗어날 때까지 웃는다
"버르장머리 있다"라는 말은
예의가 바른 가장 야성적인 아름다움이
그녀가 걷는 걸음마다 증명되고 있었다.

# 오월의 심장에는 붉은 말馬이 산다

붉은 장미가 피는 이유를 묻지 마세요
그건 당신의 심장 안에 말을 풀어놓았기 때문이에요
기쁨이란 말의 발굽 소리에 놀란 눈동자처럼
햇빛을 타고 어깨로 내려오는 오후의 체온이죠

나는 예감으로 말을 길러요
그중 한 마리는 당신을 향해 뛰어가요
뭐라고 부르진 않았지만
그 말은 자꾸만 당신의 웃음소리로 울어요

한 송이의 미소가 저무는 저녁에 피면
나는 그것을 당신의 이마에 얹고 싶어요
기억하세요 기쁜 예감은 늘 이름이 없다는 걸
그러나 그 무명의 빛은 가장 환하게 번지죠

오월엔 사랑이 당신 가슴에서 자랄 것입니다
그건 봄이 다 뿌리고 간 말을
당신이 조용히 품었기 때문이에요
5월의 심장에는 늘 그런 붉은 말이 살고 있답니다.

# 이팝나무 아래에서

초여름의 이팝나무 가지마다
쌀알 같은 꽃이 수북하여
끼니를 놓친 이른 아침
텅 빈 뱃속은 울림을 내고

줄지어 선 가로수를 올려다보니
흰쌀이 나뭇가지마다 주렁주렁
하늘이 지어 올린 꽃밥인가

햇살은 조용히 꽃향기를 짓고
나는 그 향기로 속을 달랜다
배고픔마저 시가 되는 아침

가을 오면 저 꽃처럼
풍성한 곡식이 들판마다 피어나기를
하늘 아래 나무 아래 우리 마음에도
흰밥처럼 따스한 계절이 오기를.

# 아멘의 강을 건너며

아멘은 들녘에 피는 마지막 들꽃
그 침묵의 고개를 넘으면
할렐루야의 바람이 어깨를 덮고
마음은 곧 찬송이 된다

기도는 땅속에서 자라는 불빛
말없는 씨앗이 부르는 이름들
믿음은 보이지 않는 다리를 놓고
소망은 그 위를 건너는 발자국

사랑은 늘 뒤에서 손을 내밀고
떨리는 등불처럼 깨우고 불러
우리가 흘린 눈물의 무늬 위에
하나님의 입김이 새벽을 지핀다.

# 생각나는 사람

지팡이를 짚고
보호자의 부축을 받고
똑바로 서지 못하여
바르게 걷지 못하는 사람

그가 그렇게 되기는
처음부터가 아니고
산업전선에서 상처를 입어
수술 치료 결과랍니다

우리도 언제 어디서
어찌 될지 모르는
위험 속에 생활하기에
남의 불편이 남의 일이 아니라

장애에 대한 아량과 포용으로
배려와 동행의 생활로
적당히 걱정도 해주며
가끔은 손 내밀며 함께 살아요.

# 흔들리는 나무에도 꽃이 핀다

거센 바람 지나갈 때마다
나무는 흔들린다
흔들린다는 것은
부러지는 것이 아니라
더 깊이 내려앉는 것

뿌리는 어둠 속에서
고요한 기도를 삼킨다
손에 닿지 않는 곳에서
뿌리는 제 길을 만들고
비밀스러운 길로 흘러간다

꽃은 새 가지에서 피어나고
열매는 기다림 끝에서 익는다
흔들릴 때마다 더 단단해지고
부러질 듯 서 있을 때마다
내 안의 땅은 굳어진다

바람이 불어야 꽃이 피고
흔들려야 열매가 맺히나니
나는 두려워하지 않으리
바람의 손끝이 닿은 자리마다
향기로운 꽃은 피어나리라.

# 서 있을 수밖에

어렵게 타긴 탔지요
그러나
먼저 들어간 사람들이
다 앉아버려 빈자리 없어
목발 짚고 손잡이에 의지해
서 있을 수밖엔 도리 없었네.

# 나리꽃

나리, 나리 저기 보소서
꽃이 아름답게도 피었나이다
진하도록 활짝 핀 것이
여름이 몹시도 뜨거울 것 같네요.

**작품 평설**

# 긍정과 상생의 시학,
# 그리고 기독교적 상상력

**양왕용**
(시인, 부산대 명예교수,
동북아기독교작가회의 한국 측 회장)

# 긍정과 상생의 시학, 그리고 기독교적 상상력

양왕용
(시인, 부산대 명예교수)

전홍구 시인의 시에서는 신체적 장애를 극복한 그의 원동력을 발견할 수 있다.

그는 초등학생 시절부터 문학적 재능을 발휘하고 중학교 시절에는 당시 문학도의 선망의 대상인 『학원』에 작품이 수록되는 영광도 누렸으나 후천적 장애와 생활전선으로 인하여 일찍 시단에 입문할 수 있는 기회를 놓쳤다.

그러나 그는 오랜 기간 동안 재활의지로 장애를 극복하면서 시작詩作의 끈을 놓지 않았다. 이러한 점이 그의 시편들 곳곳에 녹아 있다. 달리 말하면 그의 시작에 대한 열정이 그의 육신의 재활을 성공시켰다고도 볼 수 있다.

그는 1991년 시단에 데뷔한 이후 여러 권의 시집을 출간했으며, 여러 곳에서 수상의 영광을 누렸다.

필자는 지난 2023년 가을호 『한국크리스천문학』

계간평에서 여름호에 발표한 전 시인의 「먹구름 속 무지개」에 대해 주목하여 언급한 바 있다.

  전홍구 시인의 시의 특성은 우선 모든 사물과 사건을 긍정적으로 본다는 점이다. 다음과 같은 작품에서 그러한 시각을 발견할 수 있다.

>  강도를 당했다
>  그러나 감사한 일이다
>  생명이나 큰돈이 아닌
>  시집詩集이 들어 있는 가방 속을 털렸기에
>  재산을 털린 것 아니고
>  시집을 털렸기에
>  특히나 털렸어도
>  다치지 않았으며
>  강도가 내 시집을
>  읽어준다면 감사할 일이다.
>  　　　　　　　　　－「나는 오늘 강도를 만났다」 전문

  인용한 시 「나는 오늘 강도를 만났다」의 시적 상황은 다분히 상징적이다. 인적이 드문 골목길에서 시적 화자, 즉 시인은 시집이 들어 있는 가방을 강도에게 강탈당한다.
  그러나 이러한 상황은 리얼리티를 가졌다고 볼 수

없다. 시집만 들어 있는 가방 자체도 현실적이 아니다. 강도가 가방 속의 시집을 발견하고 읽는 것 또한 그러하다. 현실 속의 강도는 가방 속에서 귀중품이 아닌 시집을 발견하고는 실망하여 그냥 버릴 것이다.

그러나 시인은 강도가 시집을 읽어주기를 소망한다. 따라서 이 시는 강도의 강탈 행위라는 극한상황 속에서도 시는 읽혀져야 한다는 선언적 의미가 담겨 있다. 달리 말하면 시는 어떠한 상황에서도 읽힐 수 있다는 신념을 표현한 것이다.

시가 점차 소외되고 있는 현실을 풍자한 것이라고도 볼 수 있지만, 근원적으로는 어떠한 상황에서도 시는 읽혀질 것이라는 긍정적 태도를 가지고 있다.

거센 바람 지나갈 때마다
나무는 흔들린다
흔들린다는 것은
부러지는 것이 아니라
더 깊이 내려앉는 것

뿌리는 어둠 속에서
고요한 기도를 삼킨다
손에 닿지 않는 곳에서
뿌리는 제 길을 만들고
비밀스러운 길로 흘러간다

꽃은 새 가지에서 피어나고
열매는 기다림 끝에서 익는다
흔들릴 때마다 더 단단해지고
부러질 듯 서 있을 때마다
내 안의 땅은 굳어진다

바람이 불어야 꽃이 피고
흔들려야 열매가 맺히나니
나는 두려워하지 않으리
바람의 손끝이 닿은 자리마다
향기로운 꽃은 피어나리라.

-「흔들리는 나무에도 꽃이 핀다」 전문

인용한 시 「흔들리는 나무에도 꽃이 핀다」는 전홍구 시인이 자주 사용하고 있는 사물을 통하여 그의 세계관을 표출한 시이다.

이곳에서는 그의 현실이나 상황에 대한 긍정적 세계관이 나무, 그것도 '흔들리는 나무'를 통하여 형상화되고 있다.

그는 이 시의 첫 연에서부터 흔들리는 나무를 긍정적으로 보고 있다. 흔들린다는 것은 부러지는 것이 아니라 더 깊이 뿌리 내려 튼튼해진다고 인식하는 것 자체가 바로 그러한 세계관을 사물화한 것이다. 바람에 심하게 흔들리는 나무를 바라보는 상식적인 관점은 나뭇잎이 떨어지거나 가지가 부러지는 것에 대한 우려이다.

그러나 전 시인은 2-3연에서 그 우려를 불식시킨다. 마지막 넷째 연에서는 드디어 흔들리는 나무에서도 '꽃'이 핀다는 진리를 발견한다. 말하자면 지금 현재의 상황이 아니라 다가올 미래의 희망을 발견한다. 이러한 긍정적 시각은 그의 작품들 도처에서 발견된다.

다음으로 두드러진 특성은, 삶은 혼자 사는 것이 아니라 더불어 산다는 상생의 태도를 가지고 있다는 점이다.

세상의 길을 걸어가며
누군가의 손길이
나를 일으켜 세운다

그 말 한마디, 그 작은 미소가
내 안에 힘을 불어넣고
어두운 길을 환히 비춘다

우리는 서로에게
등불이 되어
어두운 밤을 밝히고

서로의 마음을 헤아린다

　　삶은 단 한 사람의 힘이 아니라
　　수많은 사람의 마음으로
　　빛을 발하게 된다

　　그대가 내게 준 한 줌의 사랑이
　　내 인생을 아름답게 만든다.
　　　　　　　　　　－「사람의 빛」 전문

　시인들은 보통 '고독'이니 '홀로서기'니 하며 이 세상의 삶이 결국은 혼자 사는 것이라고 인식한다. 그래서 불행하고 병적인 삶을 사는 경향이 있다.
　그러나 전 시인은 이 세상의 삶이 결코 혼자 사는 것이 아니라는 건전한 삶의 태도를 가지고 있다. 그러한 가치관을 반영한 작품이 바로 위에서 인용한 「사람의 빛」이다.
　이 시의 끝 부분에서 등장하는 시적 청자(聽者)인 '그대'는 아마 평생의 반려자 아내일 수도 있을 것 같다. 따라서 상생의 삶은 결국 가족애로 연결된다.

　전홍구 시인이 이렇게 긍정과 상생의 시학을 가지게 된 원동력은 어디에서 오는 것인가 하는 의문을 제기해 볼 수 있다.

필자는 그 원동력을 전 시인이 가지고 있는 신앙에서 찾을 수 있다고 생각한다. 말하자면 그의 시작의 밑바탕에는 기독교적 상상력이 흐르고 있다. 이러한 증거를 찾을 수 있는 작품들이 많다.

그런데 이러한 기독교적 상상력은 자칫하면 신앙고백을 직접적으로 노출시켜 시적 긴장감을 훼손시킬 수 있다.

그러나 전 시인은 신앙 고백을 직접 하지 않고 사물을 통하여 하는 방법으로 시적 긴장감을 유지하고 있다. 그 사물 가운데 가장 빈번하게 등장하며 상징성을 가지고 있는 것이 '길'이다.

언제고 예고 없이
가던 길을 갑니다

비가 와도 눈이 와도
다니던 길로 갔다 옵니다

누가 다녀오라 해서가 아니고
나의 아버지를 만나
나의 나 된 것을 아뢰고
나의 갈 길을 인도받고 싶어 다녀옵니다

나라와 민족과

멀리 불모지에 나가신 선교사님과
미자립교회 목회자와
아직도 주님을 모르는 강퍅한 심령을 위해
하나님 앞에 기도하기 위하여
그 길을 다녀오는 마음

그 길이 힘겹다고 해도
아버지와 함께라면 끝까지 다녀오는 길.
-「다녀오는 길」전문

인용한 시 「다녀오는 길」은 제목으로 봐서는 어떠한 길임을 알 수 없다. 첫째 연과 둘째 연, 셋째 연에서도 표면적으로는 육신의 아버지를 만나 삶의 지표를 받은 것이라 생각할 수도 있다. 그러나 넷째 연에서 그 길이 선교를 위하여 다녀오는 길이라는 것을 알 수 있다.

그리고 마지막 연을 앞의 네 연과 유기적으로 연결시켜 '아버지'가 육신의 아버지가 아니라 '하나님 아버지'라는 것도 알 수 있게 한다.

전 시인의 이 작품이 선교여행이나 전도활동을 하고 난 뒤의 소감문이나 간증문이 아닌 한 편의 시로 승화된 것은 '길'이라는 사물이 가지고 있는 상징성 때문이다.

참으로 거칠고 먼 길을 걸어왔다
산을 오르며 청춘을 잃었고
벌판을 헤매며 젊음을 소비하다
찬송 소리에 이끌리어 찾아간 곳

그곳에서 주님에게 붙들리어
이제라도 감사하고 경외하며
은혜였소, 축복이었소, 찬송하고
봉사하며 섬기며 살게 하심에

몸 바쳐 살고 싶은 심정을
하나님 앞에 드리며
내 삶을 온전히 주님께 맡기고
그 길을 따라 걸어가리라.
　　　　　　　－「은혜의 길을 걷게 하소서」 전문

 인용한 「은혜의 길을 걷게 하소서」는 앞의 작품보다는 신앙 고백이 직접적으로 드러나고 있다. 그러나 '길'의 상징성은 더욱 확대되고 있다.
 이 시집에 실린 시편들의 제목 속에는 유난히 '길'이 많이 등장하고 있다.
 전홍구 시인의 시편들 속에 등장하는 '길'은 전 시인의 삶의 역정 전부라고 볼 수 있다. 그리고 그는 후천적 장애로 인해 걷는다는 것에 남다른 트라우마를 가지고 있다. 이러한 점에서 전 시인의 시에서 '길'의 상징성을 따로 살펴볼 필요가 있을 것 같다.

 한 가지 덧붙인다면 중간에 들어 있는 디카시도 상당한 수준에 도달해 있다. 전 시인의 다음 시집은 디카시 시집이기를 기대하는 바이다.
 우리는 전홍구 시인이 신앙과 삶 그리고 시인으로서의 자질을 두루 갖추고 있음을 알 수 있다. 이러한 시인이 있다는 것을 우리는 자랑스러워하지 않을 수 없다.

*본문의 사진 및 삽화는 전홍구 작가가 제공하였습니다.

# 80송이

**초판 1쇄 발행**   2025년 8월 20일

지은이 | 전홍구
만든이 | 이한나
펴낸이 | 이영규
펴낸곳 | 도서출판 그린아이

등록 연월일 | 2003. 12. 02.
등록 번호 | 제2-3893호
주소 | 서울특별시 은평구 녹번로 6-11, 201호
전화 | 02)355-3035  팩스 | 031)965-4679
이메일 | gmh2269@hanmail.net

ⓒ전홍구, 2025

책값은 뒤표지에 있습니다.
잘못 만들어진 책은 바꾸어 드립니다.
무단 전재 및 복제를 금합니다.

ISBN 979-11-91376-56-2(03810)